18,00

W9-BYB-399

ROWE BRANCH

SAN BERNARDINO PUBLIC LIBRARY

39876000540017

Spanish 330.94 VIL   2016

Actúa contra la crisis

JUN 0 3 2016

Vilanova, Núria.
$15.95   39876000540017

Actúa contra la crisis

Actúa contra la crisis

Núria Vilanova
y Equipo Inforpress

Plataforma
Editorial

Primera edición en esta colección: julio de 2011
Segunda edición: noviembre de 2011

© Núria Vilanova y Equipo Inforpress, 2011
© De la presente edición: Plataforma Editorial, 2011

Plataforma Editorial
c/ Muntaner, 231, 4-1B – 08021 Barcelona
Tel.: (+34) 93 494 79 99 – Fax: (+34) 93 419 23 14
www.plataformaeditorial.com
info@plataformaeditorial.com

Depósito legal: B. 37.184-2011
ISBN: 978-84-15115-48-9
Printed in Spain – Impreso en España

Diseño de cubierta:
Jesús Coto
www.jesuscoto.com

Fotocomposición:
Serveis Gràfics Rialtex

El papel que se ha utilizado para imprimir este libro proviene
de explotaciones forestales controladas, donde se respetan
los valores ecológicos, sociales y de desarrollo sostenible del bosque.

Impresión:
Bookprint Digital
Botánica, 178 - Hospitalet de Llobregat (Barcelona)

Reservados todos los derechos. Quedan rigurosamente prohibidas,
sin la autorización escrita de los titulares del *copyright*, bajo las sanciones establecidas
en las leyes, la reproducción total o parcial de esta obra por cualquier medio o procedimiento,
comprendidos la reprografía y el tratamiento informático, y la distribución de ejemplares
de la misma mediante alquiler o préstamo públicos. Si necesita fotocopiar o reproducir
algún fragmento de esta obra, diríjase al editor o a CEDRO (www.cedro.org).

Índice

AGRADECIMIENTOS

Un especial agradecimiento a Marta Cardoner, Susana Campo y María Quintano por su apoyo en este proyecto.

También a Asunción Soriano, Isabel Grifoll, Isabel Lara, Ana de la Fuente, Pilar Domingo, Koldo Iturriagagoitia, Encarnación Ayllón, Luisa Rodríguez, Mercè Ribera, Ana Margarida Ximenes y Diogo Santos, el mejor equipo posible de directores. A los jefes de equipo que han buscado los mejores ejemplos. Al equipo de marketing que tanto ha trabajado para su presentación y puesta en marcha, Antonio Castro, Dolors Giralt y Ana Moreno. A todo mi equipo, gracias por su entusiasmo y colaboración.

Y a Núria Giralt, algo más que mi socia.

PRÓLOGO

Esta obra es un proyecto colectivo de todos los que han querido compartir generosamente sus experiencias ante la crisis. Con esa misma generosidad y con ese mismo espíritu colectivo, el prólogo es la suma de las aportaciones de presidentes de grandes entidades que, desde sus asociaciones, instituciones o compañías, están colaborando día a día en mejorar el entorno para nuestras empresas, para nuestros directivos y para nuestros ciudadanos.

La crisis económica que estamos viviendo genera enormes problemas de todo tipo que se concretan, fundamentalmente, en un fuerte incremento del paro y desaparición de una gran cantidad de tejido empresarial.

Sin embargo, también la crisis resulta una oportunidad para hacer un replanteamiento estratégico, que se concreta no sólo en muchos casos en el ajuste de costes, sino también en la apertura de nuevos mercados o incluso negocios. En efecto, han surgido empresas anticíclicas y las veteranas están mejorando en su mayoría su eficiencia. La iniciativa, la innovación y la imaginación se desarrollan con más intensidad en un entorno adverso que en uno favorable. En este libro se incluyen una importante muestra de las respuestas y esfuerzos que se han realizado en un entorno adverso y que pueden garantizar un futuro más positivo.

Juan E. Iranzo,
Director General del Instituto
de Estudios Económicos (IEE)

La iniciativa de Inforpress para dar a conocer iniciativas y proyectos, que por su carácter innovador y pionero contrarresten el pesimismo instalado en el mundo económico desde algún tiempo, me pareció desde su inicio una idea excelente. Pienso que en tiempos difíciles es más importante que nunca que los gestores empresariales pongan en práctica no solo sus capacidades de análisis, organización, diálogo, comunicación, etc. para adaptarse a las nuevas circunstancias del mercado, sino también sus talentos para implementar visiones, desarrollar nuevos productos o servicios, abrir nuevas fuentes de ingresos y formar así como ampliar plantillas; en definitiva, actuar como emprendedores. Pienso como Núria Vilanova, presidenta de Inforpress: sin empresarios anclados en valores, agraciados con una mentalidad positiva y dispuestos a trabajar duro y correr riesgos no saldremos de la crisis.

Carsten R. Moser,
Presidente de la Cámara de Comercio
Alemana para España

Conseguir contagiar optimismo en momentos de crisis es algo complicado, pero no imposible. Ello se demuestra con iniciativas como «Actúa contra la crisis» y la experiencia de diferentes emprendedores, que nos recuerdan una y otra vez que la acción es siempre la mejor opción. Valores tan importantes para la sociedad como el esfuerzo, el compromiso o la tenacidad, son elementos que ayudan a invertir la situación actual, y esta iniciativa de Inforpress contribuye a demostrar que, a pesar de las muchas dificultades, querer casi siempre acaba siendo poder.

JUAN ROSELL LASTORTRAS,
*Presidente de la Confederación Española
de Organizaciones Empresariales (CEOE)*

Estamos viviendo una situación económica, a nivel mundial muy delicada que está repercutiendo mucho en nuestro sector empresarial y en el conjunto de la sociedad. Pero también es cierto que en momentos de crisis es cuando las personas ponemos en marcha nuestras mejores capacidades de creatividad y surgen interesantes oportunidades e ideas novedosas, útiles, generadoras de riqueza y de puestos de trabajo.

La creación del proyecto «Actúa contra la crisis» ha sido un éxito porque ha conseguido sacar a la luz experiencias creativas que demuestran que contamos con grandes profesionales y emprendedores. Además se ha convertido en una herramienta para el éxito porque no hay nada más positivo que los buenos ejemplos de gestión y de imaginación a la hora de iniciar o mejorar un proyecto empresarial.

El objetivo de ayudar a descubrir oportunidades y darlas a conocer por sus propios protagonistas ha sido una gran idea porque crea seguridad y da esperanza a todas aquellas personas que están dispuestas, con valentía, imaginación y una buena gestión, a llevar adelante sus proyectos. Por todo ello, me es grato felicitar, de forma muy sincera, a los promotores del proyecto «Actúa contra la crisis» y animarles a que sigan mostrando la parte positiva de un tiempo difícil pero al que necesaria e inevitablemente debemos adaptarnos.

Miquel Valls i Maseda,
*Presidente de la Cámara de Comercio
de Barcelona*

«Actúa contra la crisis» es una iniciativa de Inforpress que, como sus historias, merece ser contada. Su motivación es sencilla: «Actúa», es decir, no te quedes parado ante el desarrollo de los acontecimiento e intenta participar en ellos; «contra» es el adverbio que fija claramente hacia dónde se deben dirigir los esfuerzos, justo en el sentido contrario a las malas prácticas y conductas egoístas que nos han traído hasta aquí; y «crisis», sustantivo que semánticamente convierte el cambio en una oportunidad.

Las historias que el movimiento ha logrado reunir son excelentes ejemplos de personas que no se resignan, que ven más allá del día de hoy y que muestran su generosidad al dejar constancia de sus actos y sus compromisos.

Vivimos tiempos de pasos cortos, pero firmes; ideas sencillas, pero con capacidad de transformación; y personas de mirada cristalina que lideren con el afecto.

José Manuel Velasco
Presidente de Dircom

Una vez me contaron que había una persona que vendía con éxito ricos bocadillos de jamón con tomate. Alquiló un terreno mayor, colocó una gran valla y anunció su mercancía. Y el consumo aumentó.

Un día su hijo le dijo: «Padre, ¿tú no escuchas la radio, ni lees los periódicos, ni ves la televisión…? ¡Estamos sufriendo una grave crisis!».

El padre pensó: «Mi hijo estudia en la universidad y sabe mejor que yo lo que está pasando…». Compró entonces menos pan, menos jamón y menos tomate y quitó la valla anunciadora. Y las ventas fueron disminuyendo cada día más.

«Tenías razón hijo mío», le dijo al muchacho. «Verdaderamente estamos sufriendo una gran crisis.»

No hablemos de crisis. Hablemos sólo de esforzarse, de trabajar bien, de hacer buenos negocios. Para tener éxito no tienes que hacer cosas extraordinarias; sólo hacer cosas ordinarias, extraordinariamente bien. Albert Einstein ya decía en su época: «Acabemos de una vez con la única crisis amenazadora que es la tragedia de no querer luchar para superarla».

Felicito al Grupo de Comunicación Inforpress por su iniciativa «Actúa contra la crisis» que es, sin duda, una buena base para ayudar a las empresas a afrontar las dificultades económicas.

Francisco Belil
CEO de Siemens S.A. y del Cluster SWE
de Siemens

PRESENTACIÓN

«La experiencia no es lo que le pasa a un hombre, sino lo que un hombre hace con lo que le pasa.»

(Anónimo)

«Actúa contra la crisis» ha recibido el apoyo de muchas instituciones y medios de comunicación que nos han acompañado, apoyado y ayudado a difundir esta iniciativa innovadora.

A todos ellos, gracias.

Grupo Inforpress

Grupo Inforpress es la mayor consultora de comunicación y relaciones públicas de España y una de las más prestigiosas y reconocidas en Europa. Con una experiencia de más de 23 años en el mercado, dispone de once oficinas propias en Europa y América y cuenta con más de 170 profesionales de la comunicación. Ofrece cobertura internacional como miembro de PROI, la primera red mundial de agencias independientes, permitiendo desarrollar proyectos en las 45 principales economías del mundo gracias a la red de partners locales. Inforpress ofrece servicios de consultoría estratégica de comunicación interna, externa, RSE, Marca y Reputación, Apoyo a la Internacionalización, Public Affairs, e-comunicación®, y servicios transversales de Breathe-Creatividad, Investigación, Plataformas y Publicaciones, Eventos, Formación (Audentia) y Comunicación Audiovisual.

Este año ha recibido el premio a la Mejor Agencia de la Península Ibérica 2011 que concede The Holmes Report, un referente en el mundo de las relaciones públicas y la comunicación, y en 2010 el galardón al Mejor proyecto de Relaciones Públicas PT por los European Excellence Awards 2010 y el «certificado de excelencia» al proyecto «Actúa Contra la Crisis» de The Holmes Report 2009/2010.

1. NECESITAMOS ACTUAR

«En los momentos de crisis, sólo la imaginación es más importante que el conocimiento.»

ALBERT EINSTEIN

Queremos transmitir la necesidad de actuar

Ante la crisis, hemos visto casos de abatimiento y miedo que han llevado a la parálisis. Casi todos, en algún momento, nos hemos dejado arrastrar por el pesimismo reinante y nos hemos dedicado a repetir los mismos mensajes. Pero en estos tiempos de incertidumbre también han surgido **grandes casos de liderazgo y genialidad.** Personas que han buscado y siguen buscando ideas bajo las piedras, que crean nuevos compromisos. Personas que luchan y que abren nuevos caminos donde nadie hubiera pensado. Son **historias que merecen ser contadas.**

«Actúa contra la crisis» nace como el proyecto estrella de Responsabilidad Corporativa de Inforpress. Un **movimiento de lucha contra la crisis** destinado a contar estas historias y contagiarnos con los éxitos de grandes líderes de pequeñas, medianas y grandes empresas de nuestro país y Portugal.

Hablamos de hechos contados por sus protagonistas, en primera persona, firmados y con foto. Porque «Actúa contra la crisis» es un proyecto ciudadano. No buscamos la idea genial que salva el mercado, sino actuaciones concretas que han logrado un pequeño o gran éxito.

El proyecto se inició con una página web en la que todas las empresas pudieran participar. Sin diferencias. Sin tamaños. La crisis nos ha afectado a todos y todos, grandes y pequeños, hemos tenido que luchar y actuar para avanzar. En ningún momento hemos querido dar soluciones a la crisis, sino transmitir una actitud y hacerla llegar a todo el mundo. Nuestra web se convirtió en una red que sirvió como canal de contagio del optimismo y la voluntad que aquí se fomenta. Todas las personas que participaron opinan lo mismo que nosotros y, con su ayuda, lo haremos llegar a muchas personas más. El proyecto «Actúa contra la crisis» es, en sí mismo, una iniciativa de comunicación.

Hoy, editamos este libro, a través del cual os presentamos una selección de todas estas iniciativas, proyectos y grandes ideas, evidentemente, respetando la literalidad de cada una. Con esto no queremos decir que los casos aquí presentes sean más innovadores o más eficaces que los que no aparecen, pues no hay una acción mejor que otra ni una solución que nos sirva a todos. Cada empresa deberá adoptar el proyecto que mejor se adapte a su estrategia, a su objetivo y a su condición personal.

**Hay historias que merecen ser contadas
y, a través de ellas,
queremos trasmitir la necesidad de actuar.**

Apreciados amigos,

El presidente de una gran compañía me preguntaba cuando me veía cómo iba mi empresa y me advertía de que tuviera cuidado. Yo era perfectamente consciente de que si él, desde su atalaya, me daba este consejo es que la economía estaba escondiendo algún revés. Empecé a reunir a mi equipo para pensar cómo ser más rentables y qué áreas de nuestro trabajo eran más estratégicas y nos permitían un margen mayor.

Cuando la crisis empezó a hacerse pública, a finales de 2008, nos sentíamos fuertes y preparados. Todo nos iba fenomenal. A pesar de todo, comencé a preocuparme. Veía empresas estupendas en situaciones críticas. Algunos amigos, excelentes emprendedores, empezaban a sufrir. Dormía mal. Dudaba de si sería capaz de mantener el barco a flote. Pensé que podría haberme retirado en «la gloria» de haber vendido mi empresa como me propusieron. Pero seguía despertándome por las noches. Hasta que por fin, en una de ellas, pensé si de verdad me arrepentía de no haber vendido. Me di cuenta de que no.

Si hoy lideramos el mercado español es porque he tenido un magnífico equipo que ha llevado la compañía hasta aquí. ¿Cómo me sentiría viendo la empresa dirigida por alguien elegido por la multinacional compradora que

Actúa contra la crisis

tomara decisiones sin conocer el valor de cada una de esas personas ni el potencial del mercado? ¿De verdad creía que alguien podría hacerlo mejor que yo, que he tenido la suerte de vivir y modestamente ayudar a construir veintiún años de historia de las relaciones públicas en España? ¿No era ahora el momento de aprovechar todo lo aprendido de algunos de los mejores líderes de este país a quien contábamos entre nuestros clientes y amigos? Y por último, ¿era la primera vez que pasaba por una crisis? ¿No había vivido ya situaciones complicadísimas con el agravante de ser menos, más pequeños y más débiles?

Desde ese día volví a dormir sin problemas, aunque quizá menos horas por la entera dedicación a un objetivo: ¡actuar contra la crisis! Le expliqué a mi equipo que teníamos que atravesar un mar, pero que teníamos todos los elementos para hacerlo sin tener que perder a nadie por el camino. Iniciamos el *Compromiso 10*, un decálogo de las claves con las que íbamos a transformar nuestra empresa. Nuestra primera apuesta ha sido y sigue siendo el conocimiento, desarrollando y potenciando nuevas áreas de especialización como la comunicación *online*, la comunicación audiovisual o el lobby. La segunda, la internacionalización. Desde Bruselas y São Paulo, estamos estudiando ya nuevos mercados. El resultado ha sido que en 2009 y 2010 hemos conseguido mantener la facturación, un verdadero éxito en nuestro sector. ¡Y ahora ya estamos creciendo!

A lo largo de nuestra historia, siempre hemos intentado aportar algo a la sociedad, contribuyendo en proyectos de acción social y medioambiental, y buscando mejorar en nuestra gestión de personas y en nuestro clima interno. Veíamos a mucha gente sufriendo y nos dimos cuenta de que no bastaba con lo que estábamos haciendo. Teníamos que dar un paso más. Y la decisión fue lanzar una iniciativa que os presentamos en este libro.

¿Por qué impulsamos este foro desde Inforpress? Porque LA COMUNICACIÓN está en la raíz de todos y cada uno de los casos: externa o interna, masiva, grupal, en cascada o interpersonal. Imprescindible para mover a la acción, implicar, vincular, motivar, vender, compartir, crear confianza.

Pero la comunicación también está reinventándose ante esta coyuntura. Nuestro enfoque es muy claro. Las campañas y actuaciones deben nacer desde la dirección de las organizaciones para asegurar que trabajan para los objetivos de negocio. Y desde ese timón de la estrategia debemos comunicar, creando redes y buscando incansablemente las sinergias para multiplicar el impacto. Generando relaciones y fuerzas «push» entre los diferentes grupos de interés (prescriptores, líderes de opinión, clientes, empleados...) en un mundo en el cual todo se interrelaciona. Jugando con la amplia gama de canales y herramientas *offline* y *online* hoy disponibles. Pero una cosa está clara: en esta nueva dinámica de la comunicación «sinérgica», Internet, juega un papel fundamental.

Espero que disfrutéis del libro y de la inspiradora fuerza de las ideas. Como enunciamos en el manifiesto, hoy más que nunca tenemos que unir esfuerzos, señalar el camino y repetir nuestra visión.

NÚRIA VILANOVA
Presidenta de Inforpress

2. ABRE LOS OJOS: HAY OPORTUNIDADES

«Sería estúpido disfrazar la gravedad del momento, pero aún sería más estúpido perder el coraje y desanimarse.»

WINSTON S. CHURCHILL

Abre los ojos: hay oportunidades

La única forma de hacer frente a la crisis es actuar. Es el momento de sacar lo mejor de nosotros mismos y de nuestra historia. Y han sido muchas, como veréis, las empresas que lo han hecho.

¿Existen puntos en común en los casos que os presentaremos? Sí. Hay líneas básicas que permiten sacar conclusiones de cuáles han sido las claves y que podríamos resumir en una: abrir los ojos. Nuestros protagonistas tienen un punto en común. Siempre han sido personas que se han negado a ver la crisis con ojos ajenos y han buscado sin desaliento nuevas oportunidades de crecer y tirar adelante.

Veremos diferentes áreas de acción, a menudo interrelacionadas, que nos ofrecerán estas nuevas oportunidades si somos capaces de analizar nuestra acción, nuestros públicos internos y externos, nuestros procesos y nuestras líneas estratégicas de acuerdo con el nuevo marco económico. No hay una única solución ni pretendemos dar la píldora mágica.

Queremos transmitir la necesidad de volver la espalda al miedo congénito al cambio. Debemos ver la crisis como una oportunidad, un estímulo al cambio y a la mejora continua. De esta manera, conseguiremos no solamente salir de esta crisis, sino iniciar el nuevo ciclo reforzados y con importantes ventajas estratégicas que favorecerán nuestro desarrollo y crecimiento. Todos podemos actuar contra la crisis, empezando por crear nuestro propio discurso y no repetir los mismos mensajes.

Las personas

Hemos visto casos extraordinarios de empresas que han conseguido lo imposible apostando por sus equipos. Si aprendemos a conocer sus deseos, necesidades e inquietudes nos daremos cuenta de que, en muchos casos y más en situaciones de crisis, están dispuestos a colaborar y ayudar con ilusión y entusiasmo.

De esto se dieron cuenta en **Alimarket** y por ello implicaron a sus trabajadores en las decisiones de la empresa. Se expuso la situación y las posibles medidas para evitar despidos y poder salir de la crisis. «Propusimos a toda la plantilla una reducción salarial del 5% para 2009 con el fin de evitar despidos. Tras un sencillo pero cuidado proceso de comunicación interna se realizó la votación y el 100% de los 118 empleados votó sí», explica la **directora general, Isabel Bajo.** Aunque, la reducción del salario es un tema puntiagudo de plantear, si el discurso es coherente, transparente y demuestra la voluntad de la empresa de hacer las cosas bien y minimizar el efecto que pueda tener sobre los empleados, argumentando las razones de la medida e involucrándolos, es posible que obtengamos una respuesta comprensiva y positiva.

Implicación y compromiso

Como vemos, la confianza en los colaboradores y una buena comunicación son imprescindibles para establecer una relación de colaboración mutua. La información ha dejado de ser poder. Los objetivos y la estrategia de la empresa pueden ser más fácilmente adquiribles si son compartidos e interiorizados por los colaboradores. Implicarles en cuestiones de tanta importancia para una organización y confiar en su capacidad de tomar decisiones puede ser la manera para conseguir una respuesta proporcional: implicación, compromiso y trabajo.

Esta fue la decisión que tomó **AstraZeneca** y así nos lo explica su **responsable de comunicación, Natalia Díaz.** Los resultados, no se han hecho esperar: «Gracias a la Convención Interna, la compañía pudo averiguar el conocimiento real de los profesionales sobre estos grandes mensajes estratégicos, además de escuchar sus percepciones e inquietudes. Todo ello con el objetivo de concretar la estructura base que guiará los objetivos de negocio de AstraZeneca para los próximos años».

El potencial humano

Cuando hablamos de rendimiento, acostumbramos a asociarlo con maquinaria, tecnología, productividad. Y no deja de ser cierto que a menudo el rendimiento de una empresa depende de factores como los anteriormente nombrados. Pero, en muchísimos casos, el efectivo que más nos aporta son, evidentemente, las personas. Los propios colaboradores son un recurso que no debemos olvidar y que nos puede dar el valor diferencial que necesitamos en estos tiempos de incertidumbre. El talento interno debería ser un motivo de búsqueda y potenciación en cualquier momento, pero más en tiempos de crisis.

Hay diferentes caminos que tomar. El primero y más obvio es crear nuestro propio centro de producción de talento a través de un completo programa formativo que ataque los puntos más débiles de la empresa, tal y como ha hecho **FYM**. «Hemos creado un completo plan de formación continua orientado a sacar lo mejor de nosotros mismos», afirma **May Ferreira, responsable de Formación**.

La otra vía es la que ha tomado, por ejemplo, Novartis: desarrollar una política de gestión del talento para atraer, promocionar y retener a los profesionales cualificados. **Francisco Ballester, director general de Novartis,** considera que «la apuesta por el talento es la mejor inversión posible para seguir atendiendo las necesidades y demandas de los pacientes». **Pilar Puig, directora de Recursos Humanos para Iberia de Primark** aporta además un nuevo concepto: «La confianza y la ilusión son la correa de transmisión del optimismo y de seguridad en el futuro que damos al equipo. La experiencia profesional se puede encontrar con relativa facilidad, pero son tan pocos los que traen la frescura de estar a gusto con ellos mismos...».

Y en todo esto, no podemos olvidar a los líderes. Los líderes serán los encargados de fomentar el compromiso de los colaboradores, de crear equipo y de alinear a los trabajadores hacia un mismo fin. En resumen, potenciar el talento de las personas en una misma dirección, con unos objetivos y unos valores comunes. El **Grupo Jiménez-Maña** puso en marcha un nuevo modelo de liderazgo que, tal y como afirma **Juan de Dios López Uceda, director de Recursos Humanos** de la entidad, «fue providencial». «Hemos logrado un mayor rendimiento en los resultados y más compromiso de los colaboradores con la visión, misión de la empresa, no como algo impuesto ,sino como parte integral de su trabajo diario.» ¿Qué no podemos conseguir con un buen liderazgo?

Apostar por nuestros líderes, fomentar el compromiso de nuestros colaboradores con la misión y visión de la empresa u ofrecer formación sobre áreas clave para la estrategia de la empresa son algunas de las soluciones que han dado buenos resultados. Y, entre todo esto, los valores serán un efectivo de precio incalculable para conseguir una mayor identificación y sentido de pertenencia con la empresa.

EL AHORRO

¿Cuántas veces hemos oído a nuestro alrededor la expresión «tenemos que reducir costes»? Muchas empresas han optado por el ahorro como principal medida contra la crisis porque son conscientes de que una reducción de los costes no implica necesariamente una disminución de la calidad. «La eficiencia y la calidad no están necesariamente asociadas a mayores costes», afirma **Ana Céspedes, directora de Asuntos Corporativos de Merck.**

La optimización de los recursos y procesos, la supresión de actividades ineficientes, el ahorro energético o la mejora de la gestión del tiempo son posibilidades que nuestros protagonistas han demostrado que pueden ser muy eficaces. «La crisis nos ha permitido sacar una lección de prudencia: trabajar con austeridad, reducir gastos, apostar por el ahorro energético, etc.», afirma **Antonio Llardén, presidente de Enagás.** Las nuevas tecnologías han jugado a su vez un papel importantísimo en estos procesos de cambio y mejora continua: proyectos de oficina sin papeles, instalación de nuevos sistemas de gestión como el SAP o el CRM, etc.

Para algunas empresas, la externalización de parte de los procesos les ha permitido ahorrar. Para otras ha sido la incorporación de los procesos de distribución lo que ha hecho disminuir sus gastos y mejorar el tiempo de envío y entrega de productos.

Estas actividades, llevadas a cabo con rigurosidad y control, no solamente permitirán reducir de forma drástica los costes de nuestra empresa, sino que a menudo constituyen un sistema de mejora de la gestión medioambiental. La implicación del equipo en estas iniciativas es también esencial. ¿Quiénes sino ellos conocen mejor los procesos y pueden mejorarlos?

EL CLIENTE

Siempre se dice que el cliente es lo primero, pero ¿es verdad? Para muchas empresas, convertirlo en realidad ha sido clave para fidelizar clientes y captar otros nuevos.

Es importante hacernos la pregunta «¿En qué puedo ayudar a mi cliente?». Las respuestas que os suscite esta cuestión podrán convertirse en importantes y eficaces áreas de acción. Para **DKV**, esta premisa se basa en gran medida en la excelencia de su servicio de atención al cliente. Para **Unipost**, ha significado aumentar su flexibilidad para con los clientes. Y para **ISS Facility Services**, ofrecer de forma proactiva a sus clientes y a los clientes de su competencia un programa de optimización de costes.

Conociendo al cliente

Debemos llegar al cliente y para ello debemos mostrar y potenciar más que nunca nuestro valor diferencial. La coyuntura económica está cambiando las necesidades de nuestros clientes. La comprensión de estos factores y un compromiso férreo serán valores clave de análisis de nuestra actividad para su mejora y adaptación a la nueva realidad. «Hemos centrado la atención y los recursos en el buscador, nuestro producto estrella, pero también en crear programas para ayudar a potenciar el negocio en red», afirma **Javier Rodríguez Zapatero, director general de Google España.**

El sector inmobiliario ha sido de los más originales. Ante las dificultades para vender pisos dada la crisis del consumo y el acceso a la financiación, iniciativas para animar las ventas disruptivas en este sector como las ideadas por **Roan** o **Torrent de Julià S.L.** logran éxitos de ventas llamativos y nos enseñan que comprar un piso puede ser fácil o incluso divertido.

¿Qué podemos hacer para ayudar a nuestros clientes? Nuestros protagonistas han contestado a esta pregunta y… ¡Les ha funcionado!

Las ideas

De nuevo, lo importante es no empeñarse en seguir haciendo todo como antes. Incluso, si es necesario, cambiar la actividad de la empresa, con tal de que continúe. Hoy, más que nunca, necesitamos de la innovación, la imaginación y la creatividad para asegurarnos la competitividad y el éxito.

A veces, la innovación y la creatividad residen en encontrar el valor diferencial que te aleja de la competencia, como la puesta en marcha de un buscador *online* de servicios domésticos lanzado por **Concilia2** que permite encontrar servicios de hogar, etc., eliminando el intermediador y, por tanto, reduciendo costes.

La crisis es un marco incomparable para el renacimiento de nuevas ideas. Un punto de inflexión que debe servirnos para mejorar. Y las nuevas ideas pueden crear nuevas empresas, incluso en tiempos de crisis. Y **Genetrix** es un claro ejemplo de ello. Una nueva empresa que se ha creado en un momento difícil pero con una buena idea: la generación de proteínas esenciales para potenciar el ADN. **Juan Sebastián Ruiz, director de Relaciones Institucionales**, afirma que «estar atentos a las oportunidades es la virtud que nos ha permitido encontrar un nuevo camino en nuestro modelo de negocio».

La implicación de los equipos será clave. Debemos darles la oportunidad de colaborar en la creación de retos e ideas y creer en su potencial y profesionalidad.

Con un conocimiento completo e interiorizado del mercado, su situación y la posición de nuestra empresa y de nuestros clientes debemos ser capaces de encontrar soluciones innovadoras y tener el valor de aplicarlas y cambiar. El triunfo será, y ahora más que nunca, para la persona que hace algo que nadie hace o que hace lo mismo que todo el mundo, pero mejor que nadie.

INTERNACIONALIZACIÓN

La internacionalización en tiempos de crisis es vista a veces como un proyecto ambicioso y poco pragmático. Un mayor conocimiento de la situación mundial nos dirá lo contrario. No todos los países están viviendo la misma situación en la que nos encontramos. No todos los sectores están sufriendo la crisis de la misma manera.

A veces, la internacionalización puede ser la solución para sobrevivir y crecer. Podemos encontrar mercados en auge donde desarrollar nuestra actividad o formas de reducir los costes que supone internacionalizar una compañía para que la empresa sea rentable. «Nuestro afán por abarcar nuevos horizontes nos ha ofrecido la oportunidad de crear una política de expansión internacional y cerrar un importante acuerdo de construcción de 210 embarcaciones de pesca y vigilancia costera con el Gobierno de Angola», explica **Óscar López, presidente de Aresa Boat's**.

Internet no debe ser olvidado. **Fernando Jáuregui, editor** y **director** de **Diariocrítico** está convencido del potencial de este nuevo mercado: «Hemos lanzado nuevos periódicos en la Red. Es precisamente ahora cuando hay que acelerar los planes de expansión y no dejarse asustar por los trompeteros de la catástrofe». Hoy en día, el mercado «virtual» no es menos importante y nos permite una rápida expansión mundial con un mínimo de costes y bastantes probabilidades de éxito, si planteamos cuidadosamente nuestra estrategia, objetivos y los mensajes.

Este mercado está implicando cada vez más el uso de nuevas tecnologías y nuevas técnicas: más audiovisuales, más interactivas, que dan ventaja a aquEl que sepa usarlos. El vídeo está ganando terreno a la palabra escrita y la ficción a la realidad. El **Grupo Zed** ha combinado la innovación e internacionalización como estrategia de éxito y ha lanzado nuevos modelos de negocio digital basados en la interactividad entre la TV y el móvil.

+1. Comunicación

La comunicación está en la base de todo. Las personas necesitan comunicación para movilizarse y unir esfuerzos. El abatimiento no permite innovar. El ahorro necesita implicar. El cliente, hay que llegar a él, explicarle las ventajas que otras empresas no han sabido ofrecer. El cambio de servicios o productos necesita llegar a un nuevo público... Debemos saber mostrar y hacer entender el camino a tomar, las acciones a emprender y las medidas a aplicar.

En resumen, una buena comunicación y una planificación precisa de los mensajes y objetivos para cada público (públicos internos, clientes, partners y proveedores, asociaciones y sociedad) nos permitirá llevar a cabo todas estas acciones con mayores y mejores probabilidades de éxito.

Mensajes y acciones para cada público

Público interno

Mensajes motivadores y únicos: es imprescindible que nuestros colaboradores se sientan seguros. Debemos desmitificar la crisis, mostrando las oportunidades que nos ofrece el mercado, con positivismo, para conseguir que los empleados crean en las iniciativas propuestas. ¡Y mantener un mismo mensaje! La alineación de los mensajes, tanto para el cliente interno como externo, favorece la credibilidad de la empresa y crea confianza.

Transmisión de la estrategia: en una época como la que estamos viviendo, cuestionarse la estrategia establecida es imprescindible para adecuarnos a la nueva situación. Pero hay que dar un paso más. Hay que implicar a los empleados en su definición, para que crean en ella y se sientan involucrados. Solo así conseguiremos la mejor respuesta posible.

Valores como punto de partida: para crear sentimiento de pertenencia, la empresa debe identificar y transmitir sus valores clave a sus empleados y actuar de acuerdo con los mismos.

Liderazgo: un buen liderazgo es imprescindible para crear compromiso y llegar al cliente interno. El líder es el que tiene la responsabilidad de transmitir los mensajes de forma adecuada, demostrando sinceridad y generando confianza y siendo el motor que moverá a la empresa unida en una misma dirección.

Reforzar la comunicación interna: hay que fortalecer los lazos con los colaboradores, crear canales y reforzar la estructura comunicativa en general para transmitir de forma rápida y eficaz todos los mensajes necesarios.

Participación y compromiso: al implicar a los trabajadores en la situación de la empresa y en la búsqueda de soluciones, se genera un mayor sentimiento de responsabilidad y los colaboradores se tornan más receptivos con las medidas propuestas, sean de ahorro, recortes, nuevos productos o estrategias.

Favorecer el *Know How*: retener la información ha dejado de ser un arma de poder. Al contrario. Debemos favorecer la comunicación horizontal y transversal para gestionar de forma efectiva el conocimiento y aprender unos de otros. La creación de equipos transversales será una herramienta importante de transmisión y mejora continua.

Clientes y consumidores

El cliente, cada día más cercano: la situación económica ha cambiado las prioridades de clientes y consumidores. Se han creado nuevas necesidades y ha disminuido el poder adquisitivo de mucha gente. La escucha activa y el acercamiento al cliente debe servirnos para aprender a conocerlo y anticiparnos a su situación. Si fomentamos un diálogo bidireccional y proclive, y cuidamos y atendemos a nuestros clientes podremos satisfacer sus necesidades y fidelizarlos.

Transmitir nuestro valor añadido: aunque conozcamos qué necesita el cliente y tengamos la capacidad de innovación necesaria para llevarlo a cabo, es un esfuerzo vano si no somos capaces de transmitirlo. La inversión en publicidad, el marketing, las campañas y las promociones externas pueden ser herramientas para conseguirlo. Hay otras opciones. Las nuevas tecnologías nos pueden ayudar a llegar al cliente con menores costes y mayor rapidez. Poner el foco en la formación a comerciales, visitadores y personal de atención al cliente, la cara visible de nuestra empresa, generará más satisfacción y creará una importante red capaz de captar con exactitud las dudas, inquietudes y necesidades de nuestro cliente.

Partners y proveedores

Fortalecer las relaciones con los grupos de interés: a nuestro alrededor se encuentran un sinfín de empresas y proveedores con los que tenemos una relación directa y que son necesarios para el buen desarrollo de nuestra actividad. Son públicos importantes que no debemos olvidar a pesar de no ser clientes. Debemos fomentar el diálogo y buscar y aprovechar las sinergias que se presenten para ser más rentables y conseguir acuerdos más favorables.

Crear alianzas entre empresas: a veces, la crisis es más fácil superarla unidos que separados. Tener un público de alianzas bien definido y cultivado dará visibilidad a importantes oportunidades de negocio conjunto que pueden desembocar en una reducción de los costes, una ampliación del mercado potencial, un mayor conocimiento y el aumento de la experiencia adquirida.

Asociaciones

Colaboración y *Networking*: la colaboración entre empresas del sector puede ser una medida importante que nos puede ayudar a salir de la crisis. Crear asociaciones o foros de participación donde empresas del mismo ámbito compartan conocimientos y experiencias puede ser una solución que favorezca a todas y cada una de las empresas participantes.

Sociedad

Transmitir valor: las empresas ya no son simples hacedoras de dinero. Cada vez más, están adquiriendo un compromiso activo como actor social y responsable. La imagen que nuestra empresa tenga en la sociedad es muy importante para asegurarnos nuestra viabilidad y transmitir de forma proactiva y rigurosa nuestro compromiso para con ella es la forma de conseguirlo y añadir valor a nuestra actividad empresarial.

Las tendencias en comunicación

Hace algún tiempo, el Observatorio de Comunicación Interna e Identidad Corporativa publicó los resultados del V Estudio sobre la Comunicación Interna y la gestión del cambio en las empresas privadas y las administraciones públicas españolas, el cual nos ha permitido obtener una foto fija de cómo es vista, valorada y llevada a la práctica la comunicación en dichas instituciones.

Nosotros hemos ido más allá y os presentamos las tendencias que a corto, medio y largo plazo serán el futuro de la comunicación en España. Tendencias que, como hemos visto y veremos con los casos que os presentaremos, algunas ya han sido interiorizadas y se están aplicando también en estos momentos de crisis.

1. Los valores serán el anclaje de las organizaciones para mover a la acción

Difícilmente conseguiremos que los empleados se despierten soñando con que su objetivo este año es crecer un tanto por ciento. Los objetivos de negocio tienen que vincularse a los valores. Hay que emocionar a nuestros colaboradores, implicarlos.

2. Las compañías aprenderán a comunicarse aprovechando el potencial de las redes espontáneas

Hasta ahora hemos comunicado en vertical, horizontal y transversal. Ahora necesitamos que las organizaciones se permitan hacer lo que hacen las personas espontáneamente: agruparse por intereses y afinidades, más allá del organigrama. Abrir las puertas a la creación de grupos y comunidades espontáneas.

3. Érase una vez el *storytelling*

No es nuevo pero sí más potente. Para comunicar «en casa» necesitaremos el *storytelling*. Necesitamos contar historias comprensibles y cercanas para nuestros públicos internos. Traducir a situaciones cotidianas, con imágenes y ejemplos cercanos. Eso nos hará creíbles, fiables, cercanos y, por tanto, más efectivos. El 80% de los valores de una empresa podrían ser intercambiables y no deben convertirse en palabras vacías. El compromiso con el cliente se explica mejor poniendo como ejemplo a un empleado que trabaja en Salamanca...

4. Los protagonistas serán los empleados de las compañías

Las empresas deben dar voz a los empleados. Hay que

basarse en las personas, en los colaboradores en general, no solo en los directivos en particular. Y hacerlo para lograr en ellas –las personas– identificación.

5. **Para ganar apostaremos por** *be social and mobile, my friend*

Para ganar hay que apostar e incorporar las TIC. Los móviles no pueden estar fuera de la estrategia de CI ni de su desarrollo. Esto nos permite llegar a empleados que no tenían acceso a herramientas históricamente corporativas como la intranet. Debemos ser más ágiles en la aplicación de las nuevas tecnologías en la CI, es preciso aprovechar los nuevos medios sociales y el móvil para fidelizar a los colaboradores, divulgar la estrategia y alcanzar resultados.

6. **Si queremos comunicar en las organizaciones, necesitamos impactar**

Hay que admitir que las empresas generan estrés, gran parte del cual viene del exceso de información. Por ello competimos porque nuestros mensajes calen en nuestros colaboradores. Acciones y piezas de comunicación que sorprendan, estamos en la economía de la atención. Deberemos estructurar el discurso con: 1. mensajes principales, 2. valores, y 3. *storytelling*.

7. **En el mundo audiovisual pasaremos de la realidad a la ficción**

El diálogo ya es audiovisual. El nuevo lenguaje es audiovisual. El vídeo está ya consolidado como pieza clave de CI, los recursos están disponibles y no hay límite a la creatividad. De aquí que pasaremos de basarnos en la realidad para utilizar la ficción como una forma de lograr mayor y mejor alcance de objetivos.

8. **La comunicación interna es en tiempo real**
No podemos dejar que las historias se cuenten tarde. La velocidad de acción es clave y prioritaria. Todos en la empresa somos *marketers*, todos debemos estar atentos al mercado y la CI es la vía rápida para ello.

3. LOS MEJORES CASOS: LAS CINCO CLAVES

«Toda crisis contiene una gran oportunidad de cambio. Solo los que saben localizar en lo positivo aprovechan la circunstancia.»

(Anónimo)

Las personas

ALIMARKET: Recetas contra la crisis
Isabel Bajo, directora general
En publicaciones Alimarket, S.A. hemos puesto en marcha dos recetas contra la crisis. La primera fue proponer a toda la plantilla una reducción salarial del 5% para 2009 con el fin de evitar despidos. Quedaban excluidos los salarios más bajos. Tras un sencillo pero cuidado proceso de comunicación interna se realizó la votación y el 100% de los 118 empleados votó sí. La segunda ha sido la creación del portal www.alimarket.es: debemos apostar por nuestros productos y servicios, diferenciados de la competencia y capaces de crear valor añadido para nuestros clientes.

ASTRAZENECA: Escuchar al cliente interno para orientar la estrategia
Natalia Díaz, responsable de Comunicación

Nuestra última convención interna dio cita a setecientos colaboradores que, durante dos días, pudieron conocer los principales ejes estratégicos de la compañía y reflexionar sobre los mensajes corporativos, con el objetivo de fomentar la participación en el diseño e implementación de nuestra estrategia. A través de grupos de trabajo, los empleados descubrieron e interiorizaron los cinco ejes estratégicos y, gracias a ello, pudimos escuchar sus percepciones e inquietudes y concretar la estructura base que guiará los objetivos de negocio para los próximos años.

FYM: Avanzamos juntos, formación contra la crisis
May Ferreira, responsable de Formación

Pensando en nuestros mandos, decidimos poner en marcha «Avanzamos juntos», un programa formativo de refuerzo ante la incertidumbre que se produce en situaciones adversas, que busca el desarrollo integral de mandos y directivos. No es un curso cortoplacista, al contrario, es un completo plan formativo que consta de coaching, píldoras formativas, ponencias, etc. «Avanzamos juntos» es la manifestación de uno de nuestros lemas: «Sentimos pasión por las personas». En cualquier momento, en cualquier lugar: pero más que nunca en tiempos de crisis.

GAES: Vuelta a lo básico
Antonio Gassó, director general

Durante los primeros meses de 2009, Gaes ha tenido mejores resultados que en los últimos años aunque tenemos menos tráfico en nuestras tiendas. La crisis afecta indirectamente a nuestros clientes (senior), pues tienen que ayudar a sus hijos y nietos con sus hipotecas y sus gastos, y esto afecta a su disposición a gastar.

La clave ha sido alinear toda la comunicación de la empresa en dos mensajes únicos: el primero, aprovechar más nuestras oportunidades y, el segundo, volver a lo básico, lo que nos diferencia: el servicio al cliente interno y externo. Todas nuestras herramientas de comunicación interna se han centrado en estos dos mensajes, pues la crisis tiene un factor económico y uno psicológico y, este último, no ha afectado a Gaes.

GRUPO JIMÉNEZ-MAÑA: Dirección por Misiones
Juan de Dios López Uceda, director de Recursos Humanos

Cuando aún no se hablaba de crisis, comenzamos a trabajar en un nuevo modelo de gestión denominado «Dirección por Misiones» y que conlleva un liderazgo que plantea cambios radicales en el modo de gestionar personas y equipos. El modelo no está diseñado para un momento de crisis pero para nosotros ha sido providencial: hemos conseguido lograr un mayor rendimiento en los resultados y más compromiso de los colaboradores con la visión y misión de la empresa, no como algo impuesto, sino como parte integral de su trabajo diario. Como ejemplo, han surgido iniciativas innovadoras como la impulsada por Logística, donde un grupo de responsables han realizado una adaptación teatral del libro *La paradoja*, relato que cuenta la verdadera esencia del liderazgo en la empresa.

LABORATORIOS BOIRON: Optimizamos los procesos formativos
Pascal Blasco, director general

En Boiron hemos llevado a cabo una formación en técnicas de negociación y ventas para la red de visitadores médicos y farmacéuticos con el fin de que adapten mejor sus visitas a sus interlocutores. Cada visitador tiene un presupuesto para realizar acciones, en particular formativas, y tiene autonomía en la elección de las mismas siempre que, después de cada acción, se realice una evaluación y seguimiento de los resultados. Este sistema nos permite seleccionar mejor y ser más rentables en la elección y compromiso del presupuesto para actividades de formación futuras.

MADRID EMPRENDE: El camino del emprendedor conduce al final de la crisis
Iñaki Ortega, director-gerente

La crisis confirma el viejo adagio de que la adversidad es ocasión de virtud. En nuestra ciudad son muchas las personas que han decidido plantar cara a esta indeseada situación económica creando su propia empresa. Para acompañarlos, hemos intensificado nuestra actividad de apoyo a los emprendedores; lo que se ha traducido en el refuerzo de los programas de asesoramiento, formación y tramitación administrativa en el ámbito de la creación de empresas y en el lanzamiento de nuevos proyectos, como la creación de un servicio de tutelaje para nuevas empresas innovadoras y el desarrollo de la Red de Viveros de Empresas de la Ciudad de Madrid. Este último proyecto ha tenido una acogida extraordinaria con 167 empresas actualmente vinculadas a alguno de los seis viveros en funcionamiento y otras muchas que esperan hacerlo próximamente. El año pasado, nuestros servicios atendieron a diez mil emprendedores. Tenemos diez mil razones para mirar al futuro con optimismo.

MANPOWER: Correr más deprisa y con un objetivo más lejano
Carmen Mur, consejera delegada y presidenta ejecutiva

Sin duda, las épocas adversas crean oportunidades para las empresas y las personas. Cuando se me ha movido la tierra bajo los pies, mi reacción ha sido siempre la misma: correr más deprisa y con un objetivo más lejano del inicialmente previsto. Lo realmente importante es aprender, innovar y fomentar la diferenciación con respecto a la competencia. Un ejemplo es el lanzamiento de una campaña para añadir la máxima eficiencia y valor a los procesos de RR HH de los clientes, innovando con un nuevo servicio 24 horas en el que les atendemos fuera del horario de oficina.

Pienso que la parte de la empresa que más debemos cuidar son las personas, el motor de la compañía, los que hacen funcionar el negocio, y después, cuidar todos los procesos que nos ayudan a ser más competitivos y mejorar el servicio.

NOVARTIS FARMACÉUTICA: Desarrollar el talento para avanzar en tiempos de crisis
Francisco Ballester, director general

En Novartis creemos que nuestro mayor compromiso debe ser con la gestión efectiva del talento. Por ello, priorizamos la detección, desarrollo y retención del mismo con diferentes programas e iniciativas. Creemos que la apuesta por el talento es la mejor inversión posible para seguir atendiendo las necesidades y demandas de los pacientes, la razón de cuanto hacemos en Novartis, el cuidado de la salud. Para gestionar el talento, primero hay que atraerlo. Tenemos como objetivo prioritario la exploración y captación de profesionales cualificados. El talento necesita del mejor contexto para desarrollarse en las mejores condiciones. Una empresa que no fomente la circulación de ideas es una empresa estancada. En Novartis queremos seguir avanzando. Las buenas ideas no solo ayudan a mejorar procesos y estrategias, sino que también potencian el desarrollo personal y profesional, fomentando el trabajo en equipo. El talento en Novartis se traduce en innovación. En Novartis, el talento es salud. Esa es una responsabilidad y un compromiso que nos obliga a formar un equipo igual de comprometido e implicado. El futuro está abierto. Depende de cómo actuemos las personas, de cómo vemos el mundo y cómo juzgamos los muchos escenarios posibles. Todos necesitamos cargar con esta responsabilidad colectiva.

ORIGEN 99: Vida después de la crisis
Dionisio Gracia, consejero delegado

Que nadie lo dude, hay vida después de la crisis. Las recetas son sencillas: claridad de enfoque, comunicación, orientación a resultados y mejora de la productividad. En Origen 99 hemos adoptado dos medidas: hemos modificado la fórmula de retribución, estableciendo una partida de variable más alta y vinculada a la productividad, y hemos seleccionado un conjunto de personas (partners cercanos a los restaurantes, directivos, etc.) a las cuales ofrecemos importantes descuentos. Así, generamos más tráfico y logramos que se conviertan en nuestros mejores relaciones públicas.

PRIMARK: Ilusión, ideas y proyecto de vida para encontrar empleo
Pilar Puig, directora de RR HH para Iberia

La confianza y la ilusión son la correa de transmisión del optimismo y de seguridad en el futuro que damos al equipo. En nuestra empresa, disponemos de muchos proyectos ya que estamos en expansión. Por ello, en estos momentos, tenemos en marcha varios procesos de selección abiertos. Vemos a muchos candidatos y son los que traen ideas, proyectos de vida y son capaces de ilusionarse los que aportan un rasgo diferencial. La experiencia profesional se puede encontrar con relativa facilidad, pero son tan pocos los que traen la frescura de estar a gusto con ellos mismos.

SHELL: Leading the growth, nuevas y diferentes maneras de crecer
Giorgia Arnaboldi, Cluster Marketing Manager

En tiempos de crisis es crucial enfocarse más y más en la identificación de las oportunidades de crecimiento que se dan en el nuevo contexto económico. El punto de partida no tiene que ser la reducción de los costes, sino la definición de nuevas y diferentes maneras de crecer. «Leading the growth» ha sido nuestro motor desde el principio. Eso significa que las cualidades de *leadership*, lucidez y disfrute de las oportunidades que cada crisis ofrece son aún más importantes para diferenciarnos de la competencia.

SOCIEDAD DE TASACIÓN: Cambiamos horas por ahorro y conciliación
Juan Fernández-Aceytuno, director general

Cuando llegó la crisis, nuestra prioridad fue apostar por nuestros empleados. Por ello, propusimos a cada uno de nuestros colaboradores una serie de medidas que tuvieron una excepcional acogida. Desde entonces, tenemos un horario intensivo todo el año con una reducción salarial proporcional para toda la plantilla, incluidos los directivos. De esta forma, favorecemos la conciliación familiar y hemos observado un aumento de la satisfacción y la motivación de la empresa.

Para que esta jornada no perjudicara a ningún cliente, hemos establecido turnos de guardias hasta las 20.00 en los departamentos que es necesario, incluso hemos ampliado nuestro servicio de atención al público. Hemos apostado por nuestros empleados, informándoles, escuchándoles y haciendo que participen en la empresa.

El ahorro

DEPARTAMENT DE SALUT (GENERALITAT DE CATALUNYA): Combatir la crisis desde el sistema sanitario
Marina Geli, exconsellera de Salut
El sistema sanitario es una gran empresa que proporciona servicios de salud al 100% de la ciudadanía, un sistema formado por un conglomerado de empresas públicas y privadas al que también afecta la crisis: el presupuesto destinado ha sido mucho menor que los de años anteriores.

Desde el sistema sanitario, podemos realizar diferentes medidas para responder a la crisis: 1. Generar confianza; 2. Dar valor a lo que tenemos gracias al crecimiento anterior; 3. Intentar reducir los costes de ineficiencia al mínimo y, 4. Dialogar con todos los actores para diseñar actuaciones futuras.

CORPORACIÓN MONDRAGÓN: La adaptación como estrategia
Adrián Celaya, secretario general

La caída del mercado internacional y la contracción del crédito están obligando a nuestras empresas a importantes esfuerzos: a) La reorientación estratégica con la elaboración de nuevos análisis del entorno previsible; b) El ajuste de las actividades a las nuevas condiciones de la demanda; c) El refuerzo de los vínculos internos de nuestras empresas para absorber los excesos de capacidad productiva y la reorientación de trabajadores excedentes; d) La adaptación de los socios a las nuevas condiciones de retribución y capital y, e) La formación y la innovación.

EDITORIAL PROTIENDAS: La figura del *freelance* como opción ante la crisis
Martín Aleñar, director general

Luchar contra la crisis desde una empresa pequeña resulta mucho menos complicado que desde grandes compañías. Depende de las bases con las que has organizado la estructura de tu empresa. En el campo editorial, el modelo de empresa de hoy en día debe estar fundamentado en la externalización de contenidos. La reducción de costes salariales no es una medida, sino una forma necesaria de negocio capaz de fomentar la creación de otras empresas (autónomos) especializadas en contenido de alta calidad.

ENAGÁS: Trabajo riguroso y búsqueda de alternativas responsables y sostenibles
Antonio Llardén, presidente

Somos conscientes de que nuestra mejor contribución es seguir trabajando con rigurosidad sin perder de vista nuestros objetivos empresariales ni la función social que desempeñamos: garantizar la seguridad del suministro de gas natural. Para ello, el mes de septiembre pusimos en operación el Gasoducto Península-Baleares, uno de los proyectos de mayor envergadura que se ha realizado en nuestro sistema gasista en los últimos años.

Además, hemos visto la crisis como una oportunidad para sacar una lección de prudencia: trabajar con austeridad, reducir gastos, apostar por el ahorro energético y mejorando y optimizando procesos. Como ejemplo de iniciativa, este año hemos decidido prescindir de las felicitaciones de Navidad clásicas en papel y conservar únicamente las de formato digital, con el doble de económico y también ecológico. Además, el tradicional obsequio navideño procederá de una organización de comercio justo, con el fin de ayudar a aquellos más necesitados. En resumen, una línea para buscar alternativas responsables e invertir en sostenibilidad.

MERCK: *Spending fitness* o cómo optimizar los recursos de manera inteligente
Ana Céspedes, directora de Asuntos Corporativos

La calidad y la eficiencia no están necesariamente asociadas a mayores costes, y de eso sabe mucho el grupo de trabajo que está desarrollando el programa Optimización de Recursos. En este contexto, el equipo de Compras ha conseguido un mejor acuerdo con la empresa ATEL, empresa suiza que comercializa energía libre, que supondrá un importante ahorro, y Supply Chain Farma ha adecuado la planta de Mollet también para el almacenamiento de todo el material promocional de las distintas Unidades de Negocio.

Al contar con almacenamiento y distribución propios, la información es mucho más fiable (se utiliza el mismo sistema SAP), el plazo de entrega se agiliza (pasando de 72 a 48 horas) y se ha conseguido un ahorro de treinta mil euros en distribución y alquiler de locales. ¡Unas decisiones realmente rentables!

OKI Systems Ibérica: El pago por página como solución para distribuidores y usuarios
Javier Toledo, presidente

Para luchar contra la crisis, hemos reforzado nuestra área comercial, ajustando la estructura a las nuevas necesidades, al tiempo que hemos tomado las medidas necesarias para reducir los gastos innecesarios. Por otro lado, estamos ayudando a nuestro canal de distribución, comercial y financieramente, siendo más proactivos con las promociones y ofreciendo a los clientes nuevas vías de negocio. Entre las iniciativas puestas en marcha están los sistemas de impresión gestionados o el coste por página, con ventajas tanto para el distribuidor, ya que consigue un beneficio constante en el tiempo, como para el usuario, porque solo paga por lo que imprime y puede conseguir ahorros en sus costes de impresión de hasta el 40%.

PELAYO MUTUA: Invertir para el día después
José Boada, presidente

Estamos acometiendo un importante plan de inversiones y de mejora de todos nuestros procesos de negocio y de la tecnología que los soporta. Más que la propia crisis, nos preocupa qué pasará después: los márgenes se estrecharán y el cliente será más exigente. Los costes tienen que disminuir en la misma proporción que lo hacen los ingresos, pero además, tenemos que satisfacer a un cliente más informado y que buscará en el mercado la mejor relación calidad-precio. Tenemos que aprovechar para mejorar.

TOTAL PUBLISHING NETWORK: Ofertas y promociones para ahorrar en momentos de crisis, el caso de www.muyahorro.com
Fernando Claver, presidente

La crisis económica está pasando factura a muchas familias, pymes, profesionales y autónomos. Por este motivo presentamos MuyAhorro, una nueva publicación de Total Publishing Network diseñada para ofrecer ofertas y promociones. MuyAhorro nace con la intención de convertirse en un espacio en el que encontrar las mejores oportunidades para ahorrar en tecnología, telefonía, seguros, banca, etc., y se dirige tanto a empresas y profesionales como a usuarios particulares. El blog ofrece muchas ideas sobre cómo ahorrar en aspectos críticos para la empresa.

XEROX: El compromiso de los empleados en momentos difíciles
Diego Hervás, director general

En estos tiempos de adversidad económica, hemos lanzado un programa de compra de vacaciones adicionales, mediante el cual y de forma voluntaria, los empleados de Xerox pueden disfrutar de más días de vacaciones no remunerados –entre cinco y diez días–, escogidos con la mayor flexibilidad en función de sus necesidades. El importe del salario correspondiente se descuenta de forma lineal, desde el mes de junio hasta el mes de diciembre de este ejercicio.

Esta propuesta fue bien recibida y el nivel de respuestas afirmativas fue más del 78% de los empleados, demostrando así un alto grado de solidaridad, compromiso y apoyo a la compañía, brindando, con su sacrificio personal, su ayuda económica en momentos difíciles.

El cliente

ABERTIS LOGÍSTICA: «Flexilogística»:
Comprensión, adaptación y flexibilidad con el cliente
Joan Font, director general

Ante la actual situación, nuestra compañía ha diseñado un plan estratégico que consiste principalmente en identificar los elementos necesarios para adaptarnos a la actual coyuntura y salir reforzados de esta. Creemos que nuestra baza debe ser utilizar la flexibilidad. Tenemos que encontrar el punto de equilibrio entre nuestros planteamientos y las necesidades del cliente y para proyectar esta política hemos acuñado el término «Flexilogística».

Además, debemos potenciar el trabajo en equipo y conseguir que las personas se impliquen en el proyecto empresarial, dándoles margen para que hagan sus aportaciones y expongan sus ideas. Otro aspecto importante es la innovación, que nos permite dar un buen servicio y diferenciarnos de la competencia.

DKV: ¿En qué puedo ayudarle?
Josep Santacreu, consejero delegado

En tiempos de crisis no se puede descuidar la excelencia en el servicio al cliente, al contrario, debemos trabajarla más. Para ello, hemos desarrollado más formación a los empleados que realizan labores de atención al cliente, programas de reconocimiento de las mejores sucursales de atención al cliente, una web accesible para todo el mundo, más herramientas de software y una ampliación de puestos de trabajo en nuestra Fundación Integralia, cuatro centros que integran laboralmente a personas con discapacidad.

Además, trabajamos en el lanzamiento de productos orientados a la situación de crisis que nos ayuden a ampliar nuestra oferta y segmentarla. Sin duda, el servicio es el principal eje de posicionamiento de nuestra marca. Gracias a ello, hemos sido la compañía de salud mejor valorada en el Índice STIGA de satisfacción al consumidor.

FUJITSU: Responder a las expectativas
Juan María Porcar, director general
¿Cómo estamos afrontando la crisis en Fujitsu? De manera creativa, optimista y, más que nunca, focalizándonos en el cliente y en sus necesidades. Para nosotros es fundamental lograr una sintonía con el cliente y proponer soluciones realistas y viables. Por ello, hemos decidido innovar en nuestra forma de trabajar con el cliente. El enfoque LEAN es una metodología que nos asegura la alineación con el cliente, eliminando las actividades improductivas, simplificando y automatizando los procesos y buscando la mejora continua.

GOOGLE ESPAÑA: Encontrar la oportunidad en periodos de incertidumbre
Javier Rodríguez Zapatero, director general
A Google la crisis le ha servido para centrarse en seguir innovando y mejorar los productos y servicios que ofrece a sus usuarios. Es importante que las empresas mantengan el nivel de competitividad y profesionalidad y, sean capaces de adaptarse a las necesidades de sus clientes. Desde Google hemos querido centrar la atención y los recursos en el buscador, que es nuestro producto estrella, pero también en crear herramientas, programas y acciones que puedan ayudar a las pequeñas y medianas empresas a saber potenciar su negocio en la Red.

IHG: Duerme gratis y salta de alegría en la cama del hotel
Luigi DeRosa, área general manager

Cuando quieres diferenciarte de tus competidores hay que hacer iniciativas diferentes y, si es posible, de forma divertida. Si nuestros huéspedes no pueden irse de vacaciones, les daremos noches de hotel gratis. Y para promocionar esta oferta, qué mejor manera de hacerlo que saltando en una cama gigante, concretamente en la más grande del mundo. Así que las instalamos en cuatro plazas de Shangai, París, Londres y Nueva York. Miles de personas pudieron saltar encima todo el día y algunos atletas fueron invitados a ir. Fue una jornada muy divertida.

ISS FACILITY SERVICES: Optimizar los costes a través del POCO
Joaquim Borràs, presidente ejecutivo

Casi todos nos hemos defendido de la crisis buscando formas de reducir costes. En ISS hemos encontrado la forma de ayudar a nuestros clientes en este sentido y ¡a los clientes de nuestros competidores también! De forma proactiva, hemos ofrecido el POCO (Programa de Optimización de Costes Operativos), con el que reducimos los costes de limpieza, mantenimiento técnico, catering, control de plagas y jardinería.

La optimización se lleva a cabo con cuatro objetivos: reducir coste, reducir la cantidad de servicio (por ejemplo la limpieza la haremos en días alternos) sin reducir la calidad, mejorar las condiciones laborales de los empleados (no despedir sino recolocar, mejores horarios, etc.) y mejorar el medio ambiente (por ejemplo realizar los servicios en horas de oficina para ahorrar electricidad). Con estas medidas, hemos conseguido ahorros superiores al 10% y, lo que es más importante, el agradecimiento y la fidelidad de nuestros clientes.

MICROSOFT PORTUGAL: Save Customers Money
Cláudia Goya, directora general

Si hay una característica única y peculiar de la actual crisis es la rapidez con que se desarrolló y contaminó todo el globo (recordándonos a los juegos de dominó o los castillos de cartas, sin dejar nada ni nadie fuera). Por esta razón, nuestra principal preocupación fueron nuestros clientes y nuestros compañeros locales, de quienes dependemos desde que no comercializamos nuestros productos de forma directa. Por ello, en febrero de 2009, lanzamos una campaña denominada «Save Customers Money», que adaptamos en Portugal como «Tiempos Difíciles». Gracias a ello, creamos más facilidades en los pagos, descuentos del 15% en buena parte de los productos con PME, más ofertas de alojamiento y nuevas formas de licenciamiento más flexibles, proporcionando a las empresas la posibilidad de alquilar software, de pagar solo por los programas en uso. Utilizamos nuestro software de gestión Dynamics para ayudar a las medianas empresas o con grandes clientes, apostando en consultoría de eficiencia operacional y tecnologías como la virtualización.

MYLAN: Segmentación y adaptación constante
José Longán, director general

Cada vez damos más importancia a la segmentación, es decir, concentrarnos y adaptarnos más eficientemente a nuestros clientes para darles mejor servicio; con un doble resultado: gasto más eficiente y mejor respuesta y satisfacción por parte de nuestro cliente real, que se siente mejor atendido. Asimismo, la utilización de las nuevas tecnologías en todos los ámbitos nos ha permitido mayor flexibilidad, rapidez de reacción, más focalización y un ahorro importante: menos gasto de papel..., lo que contribuye a la sostenibilidad medioambiental.

NANIMARQUINA: Acercamiento al consumidor final y ampliación de la línea de producto
Nani Marquina, diseñadora y empresaria

Existe una manifiesta transformación en el comportamiento de los clientes a la hora de comprar. Desde Nanimarquina apostamos por la observación y adaptación a esta nueva actitud. Por ello, en los próximos meses abriremos nuestra primera tienda, un espacio que nos permitirá atender personalmente y acercarnos a nuestro consumidor final como un laboratorio de ideas. Además, pondremos en marcha una novedosa web para iniciar la venta *online*. Tenemos dos caminos: mejorar la manera de vender y crear una nueva línea de productos que se adapte a las nuevas necesidades de los consumidores.

RESTAURANTES CAN FABES, SANT CELONI, EVO y TIERRA: Después del empacho hay que purgar el cuerpo
Santi Santamaría, chef

Ante la crisis, hay que poner a volar la imaginación, ejercitar la creatividad. En concreto, me he implicado en los restaurantes Bouquet y Manzana para conseguir espacios más dinámicos y adaptar los platos a las nuevas necesidades de nuestros clientes, personas de negocios que piden propuestas de calidad pero con presupuestos más ajustados. Y esto es lo que estamos haciendo. Las crisis suelen aparecer por los excesos cometidos en el pasado. Para usar un símil con la cocina: nos hemos empachado y ahora es tiempo de purgar, limpiar nuestro sistema.

ROAN: Un rastrillo nada convencional
Lourdes Fuentes, presidenta

Faltaban algunas calles para llegar a nuestro mercadillo en el Paseo de la Castellana, miles de personas se animaron desde muy temprano. ¿Por qué? La respuesta es sencilla, es el deseo de adquirir una vivienda y el olfato para aprovechar una excelente oportunidad. No hubo fórmulas mágicas, simplemente mezclamos los ingredientes necesarios. Con proactividad y creatividad al gusto, nace el «rastrillo inmobiliario». Importantes descuentos y atractivas condiciones de financiación fueron el plato fuerte de una exitosa jornada que reunió a 5.700 visitantes.

SYKES ESPAÑA: La importancia de una atención telefónica excelente en tiempos de crisis
Rafael Pérez, director de Desarrollo de Negocio

La situación económica induce a las empresas a centrar sus objetivos en la venta y, a veces, les hace descuidar algo esencial: retener a los clientes actuales. Según estudios, retener un cliente puede ser hasta diez veces más barato que conseguir uno nuevo y, por ello, nosotros apostamos por prestar una atención telefónica excelente para que las empresas fidelicen sus clientes. El cliente espera personalización, especialización y eficacia. Sabiendo esto, hemos desarrollado la metodología Insight Analytics, que logra optimizar el rendimiento y la calidad de las llamadas.

TORRENT DE JUIÀ S.L.: El Sistema Torrent, dos propuestas rompedoras en el sector de la intermediación inmobiliaria
Tomás Marlí, director general

Había un tema que no acabábamos de entender: ¿Por qué cuando te compras un coche puedes probarlo y cuando te compras un piso que cuesta veinte veces más, no puedes? Probablemente sea el lugar donde vivirás el resto de tu vida. El Sistema Torrent permite probar la vivienda durante un periodo máximo de 36 horas y finaliza con la adjudicación de la misma al mejor postor en una subasta privada dentro de la propia vivienda. Antes les decíamos a nuestros clientes: ¡Compre!; ahora les decimos: ¡Pruebe!, ¡Conozca!, ¡Viva! y ¡Puje!… y no nos va nada mal.

UNILEVER: Una receta para salir de la crisis
Ana Palencia, directora de Comunicación

En esta época de recesión, aumenta el número de comidas que las personas realizan en sus hogares. Por ello, les ofrecimos una mayor variedad de productos para estos momentos mágicos y de bienestar. Además, les dimos la posibilidad de participar en la campaña «Gana un sueldo más ¡y dale calabazas a la crisis!» de nuestras sopas Knorr, que incrementó la facturación en un 15%. La actividad promocional es algo habitual en nuestro marketing, la diferencia es que esta vez nos hemos puesto en la piel del consumidor y hemos hablado directamente con su corazón.

UNIPOST: Flexibilidad, ante todo
Pablo Raventós, director general

Unipost se ha convertido en un operador privado con más de quince mil clientes gracias a nuestros cinco pilares: puntualidad, asesoramiento personalizado, eficacia, rentabilidad para el cliente y flexibilidad. Ahora más que nunca, debemos ser muy estrictos con la flexibilidad, que está siendo clave para sortear la crisis.

Esta flexibilidad se manifiesta en el incremento de trabajadores (+10% en los últimos 18 meses) y la reducción de sus jornadas en función de sus necesidades, en nuestros precios win win (priorizando la relación a medio término), en el desarrollo de nuevos productos, etc. Esta situación nos ha obligado a ser imaginativos y fortalecer nuestras capacidades y liderazgo. Somos conscientes de que no podremos salir con éxito de esta situación sin el compromiso en el trabajo de todo nuestro equipo interno. Por eso creemos que la motivación de cada una de las personas que formamos Unipost es esencial, y de ahí que estemos desarrollando iniciativas para estimularla.

Las ideas

BARCELONA MEETING POINT: Imaginación y optimismo
Enrique Lacalle, presidente del comité organizador
Todos los sectores, incluido el de las ferias, están viviendo momentos de dificultad que hay que afrontar con mucho trabajo, esfuerzo, imaginación y optimismo. Es evidente que el panorama ha cambiado y, por tanto, debemos adaptarnos a los nuevos tiempos apoyándonos en la creatividad, la imaginación, la inventiva y las grandes estrategias. No es momento de lamentarnos de los problemas a los que nos enfrentamos a diario, sino de buscar soluciones.

En Barcelona Meeting Point, hemos entendido que para cambiar las cosas teníamos que hacer algo diferente a lo habitual y por eso creamos el Salón Low Cost. Este Salón permite que todas las empresas que quieran vender puedan hacerlo y que todos aquellos que quieren comprar compren. Todo ello sin lujos ni grandes estands, obteniendo la máxima rentabilidad con la participación de bancos y cajas para obtener financiación. El resultado ha sido sorprendente: más de sesenta mil visitantes y una cifra de negocio estimada superior a treinta millones de euros.

BMW GROUP ESPAÑA: Frente a la crisis: MÁS recursos, MÁS proyectos y MÁS esfuerzos
Eduardo Villaverde, presidente ejecutivo de España y Portugal

BMW Group lanzó en 2007 su Estrategia Number ONE: ser el líder en la oferta de productos y servicios Premium relacionados con la movilidad individual. Nuestra reacción ante la crisis ha sido el incremento de nuestro esfuerzo e inversión con el lanzamiento de nuevos vehículos, más de cincuenta eventos para medios, la organización en España de la carrera monomarca MINI Challenge, el aumento de la inversión publicitaria y el refuerzo del trabajo en equipo y la comunicación interna a través de desayunos de trabajo, entre otros. En BMW hemos salido reforzados porque todo mi equipo ha demostrado que sabe adaptarse cuando es necesario y mantener el espíritu.

CONCILIA2: Conciliación laboral y familiar *low cost*
Noelia Jiménez, responsable de proyecto

En Concilia2 hemos creado un buscador *online* de servicios domésticos de cobertura nacional que algunas empresas están contratando como una solución de bajo coste que les permite mantener su apuesta por las medidas de conciliación laboral y familiar sin incrementar apenas sus gastos. Esta aplicación permite encontrar distintos servicios para el hogar, como limpieza, cocina, cuidado de niños y ancianos, atención especializada a personas dependientes, reparaciones o clases particulares, entre otros, con solo un clic. Es el empleado o empleada que necesita recurrir al buscador el que entrevista a sus candidatos/as favoritos, de manera que, eliminando la intermediación en la selección, reducimos también costes. Por eso decimos que el buscador de Concilia2 es una opción *low cost* y *self service*, muy adecuado para clientes que están acostumbrados a moverse por Internet a diario.

CRÉDITO Y CAUCIÓN: La prevención como estrategia contra la crisis
David Capdevila, director general

Uno de los efectos de la crisis ha sido el empeoramiento de la morosidad. En este escenario, las aseguradoras de crédito hemos tenido y seguimos teniendo un papel protagonista en la gestión de la brusquedad de este importante cambio en dos sentidos: el aumento de las indemnizaciones (en un 72%) que otorgan liquidez a nuestros clientes, pero, sobre todo, los mecanismos de precaución desarrollados para descender el análisis de riesgo que les proporcionamos, con el objetivo de evitar en la medida de lo posible los impagos. Esta capacidad de prevención provocó una disminución del 16,8% en los riesgos cubiertos por nuestro paraguas que sumaron 162.000 millones de euros en 2008.

DYNAMICWEB: Internet para afrontar la crisis
Brian Serup, director regional Iberia

Debemos ver la crisis como una oportunidad para diversificar, mejorar e innovar en nuestro negocio. Muchos de nuestros clientes han encontrado en Internet la mejor forma de afrontar la crisis: han comprobado que unas horas de trabajo en la optimización de la página web o crear una tienda *online* puede aumentar el número de clientes o el nivel de ventas. Nuestro consejo para afrontar la crisis es sin duda creer en el proyecto elegido, transmitir nuestra motivación a un público objetivo y ampliar mercados, y precisamente esto es lo que nos ofrece Internet: poder atender la demanda exterior al mismo tiempo que la local con la comodidad, rapidez y ahorro de costes que deseamos.

ECONOCOM ESPAÑA: Soluciones flexibles y eficientes para el control del parque tecnológico
Ángel Benguigui, director general

Mantener una imagen financiera saneada y mejorar la tecnología resulta esencial para mantener la eficiencia y la productividad, por lo que las empresas han seguido necesitando inversiones en esta área. En este marco, el Renting Tecnológico puede presentar soluciones financieras basadas en el arrendamiento operativo permitiendo adquirir la tecnología necesaria a través del pago de una cuota fija de alquiler mensual. Las fórmulas de Renting tienen ventajas fiscales que permiten a la empresa acometer la renovación sin comprometer su capital. Además, aporta servicios y herramientas para el control del parque tecnológico. Esta operativa de trabajo sitúa a los usuarios en el centro de la estrategia de gestión de activos TIC, a la vez que controla los equipos y su vida útil. En definitiva, solventa las limitaciones del arrendamiento clásico y facilita el control presupuestario, la optimización de la gestión de activos, la reducción de los costes de gestión y control de las empresas.

EMERGYA: Migraciones a software libre.
Una cuestión de actitud ante la crisis
Rafael Martín de Agar, director de Operaciones
Desde Emergya, estamos convencidos de que el éxito ante la crisis depende de la actitud con la que se afronte. Por ello, hemos desarrollado un nuevo producto, «Migramos», en el que se establecen los procedimientos, herramientas y conocimientos necesarios para llevar a cabo una migración digital hacia el software libre. Gracias al software libre, el cliente puede ahorrar costes, tener independencia del proveedor y total transparencia en la gestión de infraestructuras IT. Con Migramos, conseguimos minimizar el impacto del cambio y conseguir la satisfacción de nuestros clientes.

FORLETTER MOBILE: Un mensaje muy solidario
David Martínez, presidente
En tiempos difíciles sigue siendo necesario, más aún, dejar un hueco para la solidaridad. Con esta idea acabamos de

lanzar Goodmail, la felicitación solidaria, un servicio de felicitación a través del móvil cuyo beneficio se destina a las ONG adscritas al proyecto. Goodmail es la solución para aquellos que prefieren los gestos pequeños, para los que no desean estar en una base de datos ni comprometerse de forma estable. Por otro lado, es el empujón que las ONG necesitan para acercarse a su público. Actualmente, Forletter Mobile ya cuenta con el apoyo de ocho ONG a las que destinará todo el beneficio resultante del envío de felicitaciones.

FORO SORIA 21 PARA EL DESARROLLO SOSTENIBLE: Principios y valores para salir de la crisis
Amalio de Marichalar, presidente

Una de las principales razones causantes de esta crisis global es la falta de adopción de criterios éticos, valores y principios en la sociedad y que afectan también al desarrollo de la actividad empresarial. Debemos tornar el planteamiento hacia un desarrollo económico basado en principios y valores sólidos: el desarrollo sostenible. Por ello, en Foro Soria 21 luchamos para inspirar un modelo de desarrollo sostenible basado en la explotación limitada de los recursos, la aplicación de nuevas tecnologías y la innovación, aspirando a que se convierta en un modelo mundial de desarrollo.

GENETRIX: La importancia de las ideas
Juan Sebastián Ruiz, director de Relaciones
Institucionales

Tener una idea muy clara de las posibilidades que ofrece el mercado nos llevó a crear X-Pol, una empresa dedicada a la generación de proteínas esenciales para potenciar la secuenciación de ADN. Quizá no era el momento idóneo dada la situación económica pero sabíamos que teníamos entre manos una buena idea, rentable y que contaba con aceptación acreditada en el mercado. Hoy, las perspectivas son de éxito. Considero que ser proactivos y estar atentos a las oportunidades son las virtudes que nos han permitido encontrar un nuevo camino en nuestro modelo de negocio.

INVERSIONES ODIN: Adaptarse y explotar nuevas oportunidades
Luis González Llobet, presidente

Nos hemos adaptado a la crisis a través de la reorganización de nuestras empresas, unificando servicios centrales en una estructura única y compartida por todas las sociedades de nuestro grupo, cerrando tiendas no rentables, etc. Pero también hemos sido capaces de detectar nuevas oportunidades de negocio con la apertura de tiendas temporales en centros comerciales. Es una fórmula que apenas requiere inversión, nos ayuda a sacar stocks acumulados al tiempo que nos inyecta liquidez adicional y, además, es un test real sobre la viabilidad de una tienda.

LILLY: Transformarse para crecer
Teresa Millán, directora de Relaciones Institucionales

Transformación ha sido la palabra clave en Lilly a lo largo del último año. Nuestra apuesta más firme persigue mejorar las interacciones con todos nuestros grupos de interés, con las prioridades de alcanzar los objetivos y comprometer a los empleados, siguiendo siempre los valores de la excelencia, integridad y respeto por las personas que guían la actividad de Lilly: siendo socio de los profesionales sanitarios, situando al paciente en el centro de la actividad y desarrollando, para ello, canales de comunicación bidireccional con todos ellos.

Para nosotros, es un reto diario lograr que nuestro laboratorio sea una empresa sostenible, exitosa e independiente, capaz de transformarse para ganar en este duro entorno y crecer aún más en nuestro sector. Queremos transformar Lilly ahora y para el futuro.

MIURA PRIVATE EQUITY: Agilidad coyuntural para crear valor estructural
Luis Seguí, socio director

Miura Private Equity invierte capital privado en aquellos proyectos y empresas que ofrecen una buena oportunidad y que previamente han pasado por el escrutinio de los directivos de Miura, con el objetivo de convertirlas en mejores empresas y desarrollar su negocio a medio y largo plazo. La gestión cortoplacista que caracteriza a las PYMES y las pérdidas de liquidez han mermado los resultados de muchas compañías. La falta de reflexión de «dónde estar de aquí a cinco años» ha mermado seriamente los resultados de estas compañías ante una situación como la actual. Miura lleva a cabo una política de inversiones que ayudan a las compañías a ver el bosque al final del camino en vez de ir topándose árbol tras árbol. Como ejemplo, hemos desarrollado el Plan 15 destinado a la reducción del 15% de todos los costes operativos y hemos conseguido un 20%-21%. Miura también ha decidido para 2009-2010 rebajar el nivel salarial de los directivos.

NORMAN BROADBENT: Coaching de transición
Krista Walochik, presidenta

Hoy en día, están en aumento las personas en próxima desvinculación de sus empresas que no saben cómo afrontar esta nueva situación de paro, reorientarla hacia un estado de crecimiento y acercarse de manera óptima al mercado de puestos directivos. Gracias a nuestra dualidad como conocedores del *executive search* y del *coaching transformacional*, hemos creado el *coaching de transición*, una respuesta a las inquietudes de un directivo que se enfrenta al mercado laboral y al propio proceso de gestión de un cambio no deseado.

ORYZON GENOMICS: Crecer para crear valor
Carlos Buesa, director general

La capacidad para seguir innovando es imprescindible para salir de la crisis. Por ello, en Oryzon hemos desarrollado competencias que nos permiten investigar sobre los biomarcadores en el desarrollo de fármacos, toda una innovación en el campo de la biotecnología. Para conseguirlo, hemos incorporado a nuevo talento como parte de nuestro crecimiento orgánico y hemos adquirido una nueva compañía para complementar los aspectos tecnológicos. Hay que ser conscientes de que tras esta crisis poderosa vendrá de nuevo un ciclo de crecimiento.

PFB SERVEIS FUNERARIS: Invertir para adaptar nuestros servicios
Anna Gassió, consejera delegada

En nuestra empresa lo que más venimos oyendo de un tiempo a esta parte es que vaya suerte, porque nosotros no notamos la crisis. Hace ya tiempo que dejamos de ser una funeraria para convertirnos en una empresa de servicios funerarios. Aunamos la tradición y la proximidad con la modernidad y la capacidad de ofrecer a las familias todo lo que necesitan en los momentos difíciles.

Si no hubiéramos evolucionado, estaríamos sufriendo la crisis de manera muy aguda: nuestro mercado es cerrado y debemos prestar servicios de beneficencia de forma obligatoria y gratuita. Así, en los últimos cinco años hemos realizado importantes inversiones (en instalaciones, formación, etc.) teniendo como objetivo la rentabilidad a largo plazo, y hemos implantado servicios orientados a cubrir las necesidades y expectativas de las familias en el momento de la despedida.

PRNOTICIAS.COM: Prnoticias propone soluciones para lectores, agencias y profesionales con necesidades de comunicación.

Pedro Aparicio, director

Hemos decidido crear El Club de Agencias de Prnoticias, una iniciativa que pretende aglutinar a las consultoras de Comunicación que operan en nuestro país para compartir ciencia y conocimientos. Asimismo, prnoticias se encuentra inmerso en la ampliación de su productora, La Sombra Producciones, para dar servicios a todas aquellas personas y/o consultoras que tengan necesidades de comunicación: estudios radiofónicos, platós de televisión, un auditorio o un *showroom* son algunas de las cosas que podréis encontrar en el nuevo prnoticias.com.

SEUR: La mejora continua de la calidad como estrategia contra la crisis

Manuel Valle Lopera, presidente

La apuesta de SEUR se ha basado en aumentar la calidad de nuestros servicios, lo que se traduce en el desarrollo de prácticas de mejora continua en todos los terrenos de actuación de la compañía. Todo ello, pensando siempre en el largo plazo. El cortoplacismo no conduce a nada positivo y apostar por seguir siendo una empresa líder en el sector es la manera de satisfacer y adaptarnos a las necesidades de nuestros clientes. Tenemos muy claro que no somos un mero proveedor de servicios, sino que nos convertimos en socios de nuestros clientes. Por tanto, cualquier iniciativa siempre va dirigida a conseguir que nuestros clientes nos perciban con una mayor fiabilidad. Aumentar la competitividad en un sector muy atomizado es un reto que asumimos diariamente. Las fusiones dentro del sector del transporte nos han obligado a redoblar esfuerzos, lo que ha contribuido a fortalecer el carácter de referente de nuestra compañía y asegurar su crecimiento y las buenas previsiones de futuro. Es el momento de sacar lo mejor de nosotros mismos. Los periodos de crisis fomentan la creatividad y abren la posibilidad de cambiar rutinas que no son todo lo eficientes que parecían en tiempos de bonanza. Los retos más difíciles son precisamente los que más huella dejan. Debemos afrontar la situación en la que estamos y poner todos nuestros sentidos en hacer las cosas lo mejor que sabemos. Es el momento de mejorar nuestros puntos débiles. Con esfuerzo y dedicación, podremos superar todos los retos.

SIEMENS: Siemens ha hecho los deberes antes de que llegase la crisis
Francisco Belil, consejero delegado
Las crisis debilitan a los débiles y fortalecen a los fuertes. Antes de que llegase la crisis en Siemens abordamos la reorganización más importante de la compañía en sus 162 años de historia con el objetivo de ser más rápidos, flexibles y adaptarnos mejor a las necesidades de nuestros clientes. Sin duda, las claves de Siemens contra la crisis son la investigación, la innovación, el talento, la sosteni-

bilidad, la eficiencia y la formación al servicio de nuestros clientes.

Apostamos por la investigación con una inversión que ronda los 3.800 millones de euros anuales. Fruto de ello, son las 23 patentes internacionales cada día laborable, con un total de 55.000 patentes activas. También buscamos dar respuesta a las necesidades de las ciudades, con soluciones vanguardistas como el AVE o el diagnóstico precoz para la salud... y todo para contribuir a una mejor calidad de vida de nuestros conciudadanos, aunando el progreso con la sostenibilidad para crear valor para nuestros clientes y la sociedad.

SOLAR ITEM: Soluciones innovadoras
Joan Franquesa, director general
Nuestro éxito se basa en buscar soluciones innovadoras a preguntas sencillas para el progreso de la utilización de energías renovables. Así nace Solar Item, una cubierta que integra el captador solar térmico (abastece calefacción y agua caliente al usuario mediante energía solar) para la utilización del sol. La clave está en no conformarse con las soluciones existentes y buscar alternativas que mejoren la tecnología en beneficio de la humanidad. Siempre basándonos en la innovación, el ahorro económico, la autosuficiencia, la industrialización, la ecología y la sostenibilidad. Por ello trabajamos duro en ideas novedosas que transformen nuestra realidad guiándola hacia el progreso. Estamos en ello.

TELECO: Conocimiento y experiencia, nuestra solución contra la crisis
Gianni Cecchin, director general

En Teleco hemos puesto en marcha una nueva unidad de negocio especializada en el desarrollo de proyectos y que recoge nuestro Know How. Esta nueva aventura nos permite dar una salida provechosa al conocimiento y nos proporciona negocio para continuar creciendo. Lo bueno del sector de las telecomunicaciones es que su evolución es muy rápida y el mercado valora especialmente la solvencia de las empresas y su capacidad para hacer propuestas innovadoras. Tenemos el conocimiento y la experiencia. Ha llegado el momento de aprovecharla.

UNITRONICS: El esfuerzo de generar nuevas ideas
Manuel Nó, consejero delegado

En nuestro día a día, proporcionando soluciones tecnológicas a las organizaciones han surgido necesidades y oportunidades de crecimiento con las que no contábamos como, por ejemplo, la mejora de la logística del combustible a través de un control automático de los depósitos de las estaciones de servicios. Estos proyectos demuestran que la presentación de ideas estratégicas e innovadoras a los clientes generan nuevas demandas, productos y oportunidades. En definitiva, si una empresa se esfuerza en innovar y generar ideas, seguro que surgen muchas más.

Internacionalización

ARESA BOAT'S: De la unión nace la fuerza
Óscar López, presidente
La estrategia de Aresa Boat's ante la crisis es la inquietud por iniciar nuevos retos a pesar de la adversidad. Y es que si aplicamos las medidas correctas junto a una buena dosis de trabajo y afán de abarcar nuevos horizontes, podremos salir reforzados.

Nuestro afán por abarcar nuevos horizontes nos ha ofrecido la oportunidad de crear una política de expansión internacional y cerrar un importante acuerdo de construcción con el Gobierno de Angola de 210 embarcaciones de pesca y de vigilancia costera por valor de 77 millones de euros. Asimismo, creemos que hay que apostar por unir esfuerzos y, por ello, hemos buscado alianzas estratégicas para fortalecer y complementar nuestras capacidades y, gracias a ello, hemos conseguido abrir una nueva fábrica de más de 10.000 m^2, junto con las empresas Lamicat y Amptec. Asimismo, Aresa ha incrementado el esfuerzo comercial y de fidelización con el cliente generando nuevos servicios y ha ampliado las áreas de investigación y desarrollo optimizando los procesos de producción y mejora de calidad de nuestros productos.

BODEGAS TORRES: La experiencia, factor clave para luchar contra la crisis
Jordi Viñals, gerente comercial y de marketing

Torres es una empresa de distribución realmente internacional, llegando a más de 150 países, y solo un tercio de nuestras ventas se localizan en el mercado doméstico, en el que más estamos sufriendo. Nuestra estrategia para luchar contra la crisis se basa en tres frentes: profundizar en aquellos mercados con potencial como India, China, etc., desarrollar nuevas líneas de producto como nuestro nuevo vino sin alcohol NATUREO y reducir costes en todos los ámbitos que no impliquen comprometer la calidad de nuestros productos.

Afortunadamente, el hecho de ser una empresa centenaria hace que tengamos un equipo humano compuesto por colaboradores de edades muy diversas, donde se complementa muy bien la experiencia de los que ya han pasado por crisis anteriormente y las han sabido superar, con los más jóvenes que aprenden de los anteriores aportando entusiasmo y vitalidad.

DIARIOCRÍTICO: La crisis solo existe cuando la aceptamos
Fernando Jáuregui, editor y director

Dicen que estamos en crisis y sin duda lo estamos, pero hemos decidido no enterarnos: hemos creado nuevos puestos de trabajo y hemos comenzado a lanzar nuevos periódicos en la Red. Es precisamente ahora cuando hay que acelerar los planes de expansión y no dejarse asustar por los trompeteros de la catástrofe.

En nuestro grupo de comunicación hemos decidido abrir un nuevo diario digital en Colombia, participar en otro en Europa y abrir páginas especiales en Andalucía y otros puntos de España. Estamos seguros de que es ahora cuando quienes se sienten en verdad emprendedores encuentran sus oportunidades. Y es que como dijo Napoleón: «La crisis existe cuando la gente cree que existe, no antes». Compartimos esta filosofía.

GRUPO ZED: Arriesgarse con prudencia, la clave para una estrategia de innovación e internacionalización
Javier Pérez Dolset, CEO

Nuestra visión empresarial se basa en la innovación y la internacionalización. La combinación de ambas nos ha permitido ir por delante de nuestros competidores y anticiparnos a los cambios tecnológicos. La innovación comienza con el desarrollo de nuevos modelos de negocio digital como Zed TV, que busca la interactividad entre la TV y el móvil. La internacionalización es imprescindible, porque el I+D+i solo puede abordarse con esa perspectiva. Lanzamos por ejemplo la película de animación Planet 51 en más de 170 países con todo lo que ello implica para la gestión.

PRIMUR (CORPORACIÓN EMPRESARIAL ONCE): Cómo superar las dificultades en la expansión internacional

Enrique Servando Sánchez, consejero delegado

Operar en el exterior para una empresa de mobiliario no es imposible pero presenta dificultades derivadas de los costes de transporte, instalación y mantenimiento, así como las peculiaridades locales en cuanto a legislación y homologaciones. Todo ello con esfuerzo e ilusión se puede soslayar.

Para abrir nuestra oficina técnica en India tuvimos en cuenta aspectos como el empleo de los medios de la oficina técnica para evitar inversiones superfluas, mantener un margen muy elevado, prácticamente sin gastos, y garantizar el cobro. Esta experiencia nos demuestra que la internacionalización se convierte en una opción viable de crecimiento si se conoce el contexto económico y regulatorio del país y se mantienen diversos aspectos estratégicos para la organización.

VALLFORMOSA: La implicación del equipo como clave

Queta Domènech, directora general

Con el objetivo de ganar la batalla a la actual situación económica, hemos dirigido nuestros esfuerzos a estos puntos: 1. Implementación del presupuesto base cero, método que nos permite suprimir las actividades que no aporten valor; 2. Crecimiento hacia el mercado exterior, consiguiendo las normativas de calidad necesarias; 3. Enfoque total hacia el cliente gracias a la reducción de costes para ambos conseguida a través de la revisión de los procesos logísticos y administrativos, y 4. Formación y motivación de nuestros empleados para generar creatividad e innovación.

4. UNIDOS EN UN MANIFIESTO

En «Actúa contra la crisis» hemos invitado a actuar, a unirse a un manifiesto de 10+1 principios que engloban los principios y valores que compartimos todos los que hemos colaborado en esta iniciativa:

1. Existen oportunidades en el mercado.
2. Todos podemos actuar contra la crisis, empezando por crear nuestro propio discurso, y no repetir los mismos mensajes.
3. Queremos contagiar confianza, compartir las decisiones que nos han llevado a pequeños o grandes éxitos.
4. La clave del éxito con o sin crisis sigue siendo la misma: diferenciarte, innovar, buscar oportunidades, creer en ti, en tu empresa y en tu equipo.
5. Hoy más que nunca hay que pensar en cómo adaptar nuestros servicios, productos o mensajes para ayudar a nuestros clientes.
6. No estamos solos, tenemos aliados: nuestro equipo, otras empresas con las que compartir, nuestros clientes…

7. Los valores nos ayudan ahora más que nunca. Es el momento de comprobar si seguíamos una moda o creamos un compromiso.

8. El objetivo no es que todo siga igual, no te empeñes en viejos hábitos.

9. Es el momento de asumir el cambio como objetivo, no como estrategia.

10. No es la primera vez, recordar que ya lo hemos hecho, hemos superado muchos obstáculos.

10+1. El manifiesto se resume en un punto adicional: Comunicar, Compartir, crear Confianza. Hoy más que nunca hay que unir esfuerzos, señalar el camino y repetir nuestra visión.

PARTICIPANTES EN ESTA INICIATIVA: ¡GRACIAS A TODOS!

ALBERTIS LOGÍSTICA: Joan Font, director general
ACCOR SERVICES: Stéphane Eard, director general de Portugal
ACTIONCOACH: Brad Sugars, Business Coaching Specialist and Founder
ACTIONCOACH: Paulo de Vilhena, director general
ACTIVEK: Christophe Suchy, Presidente
ADA: Víctor Manuel Montes, director general de Relaciones Institucionales
AGRUPAMIENTO DE ALUMNOS DE AESE – Escola de Direcção e Negócios: Raul Bessa Monteiro, director
AMI: Fernando Nobre, presidente
ALIMARKET: Isabel Bajo, directora general
ARESA BOAT'S: Óscar López, presidente
ASTRAZENECA: Natalia Díaz, responsable de Comunicación
ATOS ORIGIN: Diego Pavía, director general
AYR CONSULTING TRENDS & INNOVATION: Luís Rasquilha, Senior Vice President

BARCELONA MEETING POINT: Enrique Lacalle, presidente del comité organizador

BIT OCEANS: Eladio García, CEO

BMC NORTE: Juan Manuel Balebona Martínez, gerente

BMW GROUP ESPAÑA: Eduardo Villaverde, presidente ejecutivo de España y Portugal

BODEGAS TORRES: Miguel Ángel Torres, presidente y consejero delegado

BODEGAS TORRES: Jordi Viñals, gerente comercial y de marketing

CÁMARA DE COMERCIO E INDUSTRIA LUSO-ESPAÑOLA (CCILE): Enrique Santos, presidente

CAPKELENN: Benoit Mahé, fundador

CIGNA: Ana Lorenzo, directora general

CONCILIA2: Noelia Jiménez, responsable de proyecto

CORPORACIÓN MONDRAGÓN: Adrián Celaya, secretario general

CRÉDITO Y CAUCIÓN: David Capdevila, director general

CRÉDITO Y CAUCIÓN PORTUGAL Y BRASIL: Paulo Morais, director

CSC: Antonio da Cunha, country manager

DEPARTAMENT DE SALUT (GENERALITAT DE CATALUNYA): Marina Geli, exconsellera de Salut

DIANOVA: Rui Martins, responsable de Comunicación y miembro de Dirección

DIARIOCRÍTICO: Fernando Jáuregui, editor y director

DKV: Josep Santacreu, consejero delegado

DYNAMICWEB: Brian Serup, director regional Iberia

ECONOCOM ESPAÑA: Ángel Benguigui, director general

EDITORIAL PROTIENDAS: Martín Aleñar, director general

EMBAJADA BRITÁNICA EN PORTUGAL: Alexander Ellis, embajador británico en Portugal

EMERGYA: Rafael Martín de Agar, director de Operaciones

ENAGÁS: Antonio Llardén, presidente

EXECUTIVE INTERIM MANAGEMENT: Alfonso de Benito, director en Madrid

FORLETTER MOBILE: David Martínez, presidente

FORO SORIA 21 PARA EL DESARROLLO SOSTENIBLE: Amalio de Marichalar, presidente

FUJITSU: Juan María Porcar, director general

FYM: May Ferreira, responsable de Formación

GAES: Antonio Gassó, director general

GENETRIX: Juan Sebastián Ruiz, director de Relaciones Institucionales

GLOBAL ESTRATEGIAS: Pablo Claver, director general

GOOGLE ESPAÑA: Javier Rodríguez Zapatero, director general

GRUP MH: Fernando Masón, director-gerente

GRUPO JIMÉNEZ-MAÑA: Juan de Dios López Uceda, director de Recursos Humanos

GRUPO MALLORCA: Mª Carmen Moreno Nieto, Directora de Marketing

GRUPO VELAYOS: Arturo Garrido Velayos, consejero y miembro

GRUPO ZED: Javier Pérez Dolset, CEO

IACTIVE: Francisco Palao Reinés, director general

IBM PORTUGAL: José de Oliveira, general manager

IDC PORTUGAL: Jorge Coimbra, general manager

IDOM: Joaquim Nunes Barata, director general

IHG: Luigi DeRosa, Área general manager

INOVA+: Eurico Neves, administrador

INSTITUTO PORTUGUÉS DE LA JUVENTUD: Helena Alves, presidenta

INVERSIONES ODIN: Luis González Llobet, presidente

ISS FACILITY SERVICES: Joaquim Borràs, presidente Ejecutivo

HIDROFER: Carlos Alberto Silva, director ejecutivo

JAVIERRE: Antonio Javierre, director general

JOSÉ JÚLIO JORDAO LDA: Isidro Lobo, director general

LA SIRENA: Francesc Casabella, director general

LABORATORIOS BOIRON: Pascal Blasco, director general

LILLY: Teresa Millán, directora de Relaciones Institucionales

LUÍS SIMÕES: José Luís Simões, director ejecutivo

MADRID EMPRENDE: Iñaki Ortega, director-gerente

MANPOWER: Carmen Mur, consejera delegada y presidenta ejecutiva

MEDINA CARREIRA, profesor y exministro de Finanzas de Portugal

MERCK: Ana Céspedes, Directora de Asuntos Corporativos

MERCK: Fritz Sacher, managing partner

METALQUIMIA: Josep Lagares, director general

MICROSOFT PORTUGAL: Cláudia Goya, directora general

MIURA PRIVATE EQUITY: Luis Seguí, socio director

MYLAN: José Longán, director general

NANIMARQUINA: Nani Marquina, diseñadora y empresaria

NBC: Carolina Godayol, directora general de Portugal

NORMAN BROADBENT: Krista Walochik, presidenta

NOVA ETAPA: António Mão de Ferro, director general

NOVABASE: Marta Canário, asesora de Prensa

NOVARTIS FARMACÉUTICA: Francisco Ballester, director general

OKI SYSTEMS IBÉRICA: Javier Toledo, presidente

ONE TO ONE: Enrique Quemada, consejero delegado

ORIGEN 99: Dionisio Gracia, consejero delegado

ORYZON GENOMICS: Carlos Buesa, director general

PÁGINAS AMARELAS PORTUGAL: José Lema, director general

PAMPILAR: Paulo Marques, administrador

PELAYO MUTUA: José Boada, presidente

PEREIRA PRODUCTOS DE MAR: Ruy Andrade Pereira, director de Nuevos Proyectos

PFB SERVEIS FUNERARIS: Anna Gassió, consejera delegada

POLISPORT PLÁSTICOS: Pedro Araújo, CEO y presidente

PRIMARK: Pilar Puig, directora de RR HH para Iberia

PRIMUR (CORPORACIÓN EMPRESARIAL ONCE): Enrique Servando Sánchez, consejero delegado

PRNOTICIAS.COM: Pedro Aparicio, director

QUIDGEST: Cristina Marinhas, CEO

RESTAURANTES CAN FABES, SANT CELONI, EVO y TIERRA: Santi Santamaría, chef

RICARDO FORTES DA COSTA: Docente universitario, blogger y Consulting Partner de Executive Search

ROAN: Lourdes Fuentes, presidenta

SAVOR: Agustí Serra, director general

SCHINDLER PORTUGAL: Mauro de Curtis, director general

SECURITAS: Jorge Couto, administrador-delegado

SEUR: Manuel Valle Lopera, presidente

SHELL: Giorgia Arnaboldi, cluster marketing manager

SIEMENS: Francisco Belil, consejero delegado

SOCIEDAD CENTRAL DE CERVEZAS Y BEBIDAS: Alberto da Ponte, CEO

SOCIEDAD DE TASACIÓN: Juan Fernández-Aceytuno, director general

SOLAR ITEM: Joan Franquesa, director general

SOUND OF NUMBERS: Cástor Rodríguez, gerente

SYKES ESPAÑA: Rafael Pérez, director de Desarrollo de

Negocio
TERMINAL A: Georges Sans, vicepresidente
TORRENT DE JUIÀ S.L.: Tomás Marlí, director general
TOTAL PUBLISHING NETWORK: Fernando Claver, presidente
TELECO: Gianni Cecchin, director general
TRAVEL CLUB: Javier Ibarra, director general
TYLTYL: Daniel Lovecchio, director y actor
UNILEVER: Ana Palencia, directora de Comunicación
UNIPOST: Pablo Raventós, director general
UNITRONICS: Manuel Nó, consejero delegado
UNIVERSIDAD NOVA DE LISBOA: Paulo Moreira, experto en Políticas de Salud Pública y profesor universitario
VALLFORMOSA: Queta Domènech, directora general
VINCCI HOTELES: Carlos Calero, director general y consejero delegado
WECANSELL: Nuno Nobre, administrador y miembro de Dirección Nacional de ANJE
WHIRLPOOL ELECTRODOMÉSTICOS PORTUGAL: Hugo Silva, director general
XEROX: Diego Hervás, director general
ZONAADVANCED: Nuno Carvalho, CEO
10:10 PORTUGAL: João Barreto
2% RED INMOBILIARIA: Nuno Roldão Mendes, director general

Su opinión es importante.
En futuras ediciones, estaremos encantados
de recoger sus valoraciones sobre este libro.
Por favor, háganoslas llegar a través de nuestra web:

www.plataformaeditorial.com